CATASTROPH

MIXTE
Papier issu de sources responsables
FSC® C022030
www.fsc.org

Loi n° 49-956 du 16 juillet 1949 sur les publications destinées à la jeunesse,
modifiée par la loi n° 2011-525 du 17 mai 2011
ISBN 978-2-09-255861-4
N° d'éditeur : 10209897 – Dépôt légal : avril 2015
Achevé d'imprimer en mars 2015 par la Nouvelle Imprimerie Laballery
(58500 Clamecy, Nièvre, France)
N° d'impression : 502264

petites histoires de l'HISTOIRE

Catastrophe à Pompéi

Hélène Montardre

Illustrations de Glen Chapron

Nathan

L'AVENTURE COMMENCE...

QUAND ?

Nous sommes en 79 après Jésus-Christ.

OÙ ?

Pompéi est romaine depuis 160 ans. C'est une ville tranquille, située non loin de la mer, au fond d'une grande baie, au pied d'une montagne, le Vésuve. Voilà 17 ans, un tremblement de terre a secoué la région. À Pompéi, des bâtiments publics se sont effondrés et des maisons ont été détruites. Les habitants ont aussitôt entrepris de grands travaux, et en 79, la ville est plus belle que jamais.

MAIS ENCORE ?

Bien sûr, la terre tremble encore de temps en temps. Mais les Pompéiens s'y sont habitués.

La vie est agréable dans cette ville de l'Empire romain. De grandes exploitations agricoles entourent la cité, et les pentes du Vésuve sont couvertes de forêts, de vergers et de vignes.

QUI ?

Le jeune Caius n'habite pas à Pompéi. Il vit chez son oncle, le frère de sa mère, à Misène, une petite ville située de l'autre côté de la baie. Mais il adore venir à Pompéi, rendre visite à son ami Loreius.

Ce matin-là, justement, il s'apprête à rejoindre Loreius…

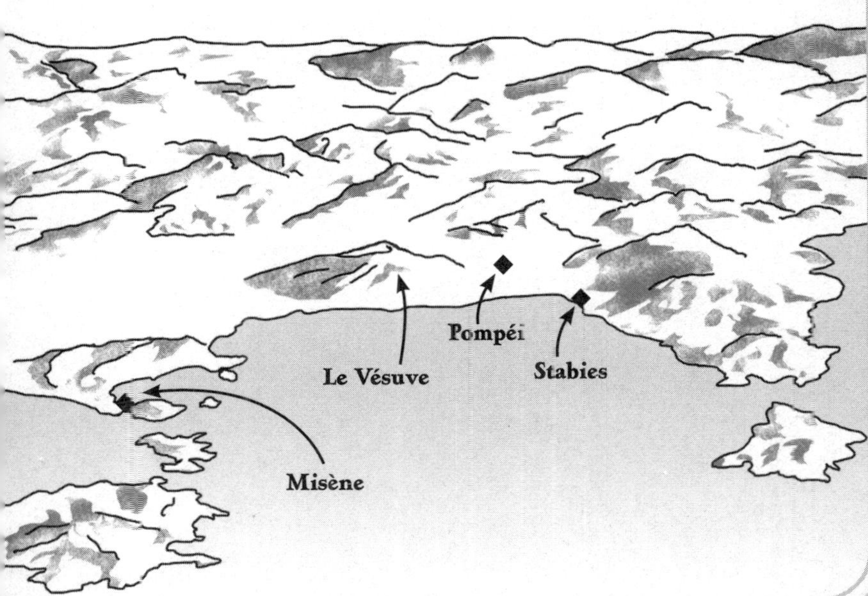

1

UNE MAISON DE RÊVE

– Holà ! Pousse-toi, petit imprudent ! Tu ne vois pas que tu gênes ?

Caius s'écarte et laisse passer une charrette débordante de fruits. C'est le début de la matinée, et la grande rue commerçante de Pompéi est déjà pleine de monde. Derrière leur comptoir, les marchands attendent les clients. Sur les étals, les galettes de légumes sont toutes fraîches et une bonne odeur de saucisse grillée s'échappe de la taverne favorite de Caius. Il résiste pourtant à l'envie de s'y arrêter pour déguster une coupe de vin au miel, et poursuit son chemin.

Il adore ce quartier. Pour la joyeuse atmosphère qui y règne. Pour le glouglou rafraîchissant de sa fontaine. Pour ses commerces ouverts sur les larges trottoirs… Et aussi parce que c'est là qu'habite son meilleur ami, Loreius.

Au fur et à mesure que Caius s'éloigne du forum, la grande place de la ville, l'agitation se calme. Voici la maison de Loreius. Il la dépasse sans ralentir. Il sait où rejoindre son ami : à la grande palestre, où il est sûrement en train de s'entraîner. Course, boxe, lutte… Loreius est bon en tout !

Caius ne s'est pas trompé. Il trouve Loreius occupé à courir. Puis il le voit grimper les gradins de la piscine et plonger joyeusement dans l'eau. Il en ressort avec un grand éclat de rire et se dirige vers son ami.

– Alors ! clame-t-il. Ton oncle t'a laissé partir ? Tu as terminé tes devoirs ?

Caius a un petit sourire. Il sait ce que Loreius pense de lui : qu'il est toujours plongé dans ses lectures, que seule l'étude l'intéresse, et surtout que son oncle, Caius Plinius Secundus, lui donne beaucoup trop de devoirs ! Des devoirs qui le retiennent loin de Pompéi et des plaisirs de la ville.

Il ne s'en plaint pas. Il a une grande admiration pour son oncle, l'amiral de la flotte de Misène, un port situé de l'autre côté de la baie, en face de

Pompéi. Mais Caius Plinius Secundus n'est pas seulement amiral. Il est aussi un scientifique et un écrivain. Il s'intéresse à tout, et particulièrement à ce qui touche à la nature : les plantes, les animaux, les phénomènes naturels… Voilà pourquoi son neveu l'admire autant !

– Mon oncle est toujours ravi que je vienne te rendre visite, répond tranquillement Caius à son ami. Il t'adresse ses salutations.

– Tu lui transmettras les miennes ! réplique Loreius. Et à ta mère aussi, naturellement.

Il donne une bourrade à son ami, l'aspergeant d'eau au passage.

– Tu me rejoins dans la piscine ?

– Non. Mais prends ton temps. Je vais t'attendre à l'ombre.

– Comme tu veux ! lance Loreius.

Tandis que son ami repart à l'assaut des gradins, Caius se dirige vers l'allée de platanes qui traverse la cour aménagée près de la piscine. Au loin, la silhouette majestueuse du Vésuve apparaît sur le bleu du ciel. De Misène aussi, il l'aperçoit, mais pas sous le même angle. Et puis ici, la montagne est beaucoup plus proche et imposante. Ses flancs couverts de champs et de vignes sont verdoyants. Seul son sommet, presque plat, est nu et de couleur grise, ajoutant à sa majesté.

Une heure plus tard, Loreius rejoint Caius. Il s'est coiffé, a revêtu sa toge et ses sandales et il attrape vivement son ami par le bras.

– Tu viens ? J'ai faim !

La rue où habite Loreius est noyée de chaleur quand les deux garçons s'arrêtent devant de grandes portes ornées de magnifiques clous de bronze. Une simple poussée et elles s'ouvrent.

Dès qu'ils ont passé l'ombre du vestibule, la douce lumière de l'atrium, la cour intérieure, les accueille. Le sol est dallé de marbre. Au centre, une fontaine chante. Ils ne s'y arrêtent pas et gagnent le jardin situé à l'arrière de la maison.

Comme chaque fois, Caius est saisi par la beauté et la tranquillité des lieux.

Une galerie couverte de plantes grimpantes longe la partie supérieure. De l'eau murmure dans un petit canal qui conduit à une terrasse où un salon d'été est installé. De ravissantes statuettes le bordent. Sur le mur qui ferme le fond du jardin, un artiste travaille à une fresque. Caius s'arrête un instant pour observer le peintre qui pose des touches de couleurs sur le mur.

– Il a presque terminé, observe-t-il.

– Oui, acquiesce Loreius. Nous avons de la chance. Notre maison n'a pas été trop endommagée par le grand tremblement de terre. Tu te rends compte que nous étions à peine nés quand il a eu lieu ? Depuis, la ville a bien changé d'allure. En tout cas, chez nous, ces travaux sont les bienvenus ! Mon père en a profité pour redessiner le jardin.

Il désigne d'un geste de la main l'immense espace en contrebas. Un autre canal le parcourt. Des arches, des ponts, des fontaines, des statues, des plantes le décorent. Des poissons nagent dans l'eau claire, et fleurs et arbustes poussent à profusion.

– C'est magnifique, murmure Caius. Et cette fresque est une réussite.

– Je l'aime bien, admet Loreius. Ce Lucius a du talent ajoute-t-il en désignant le peintre. Que veux-tu boire ?

Pendant qu'il parlait, un esclave a posé sur une table des coupes, une cruche avec de l'eau fraîche, une autre avec du vin, et des plats avec des fruits et des gâteaux.

– Tu restes chez nous plusieurs jours, j'espère ? demande Loreius en croquant à belles dents dans un gâteau.

– Bien sûr !

– Tant mieux. Ce serait dommage que tu rates la soirée…

– Quelle soirée ?

– Celle qu'organise notre voisin. Tu trouves notre maison jolie… Tu vas voir la sienne ! Sur le mur au fond du jardin, il a fait réaliser une fresque splendide. Elle représente Vénus. Et tu sais quoi ?

– Non.

– On dit que l'artiste a donné à la déesse le visage de Corellia, la fille du maître de maison.

– Et c'est vrai ?

– Tu jugeras par toi-même !

– C'est quand, cette fête ?

– Demain.

2

Une fille de rêve

Les rayons du soleil couchant arrosent les massifs du jardin d'une lumière dorée. Au fur et à mesure que l'ombre descend, des lampes s'allument. Les colonnes de la galerie qui entoure le jardin dressent leur silhouette élégante. Loreius avait raison : la demeure de son voisin est magnifique. Et une chose en particulier retient le regard : la fresque peinte sur le mur au fond du jardin.

Caius ne s'en lasse pas. Vénus, la déesse de l'amour, est allongée sur une immense coquille posée sur l'eau. Un dauphin, chevauché par un amour ailé, représenté sous la forme d'un petit bonhomme joufflu, jaillit hors de la mer. Un autre amour aux boucles blondes sort à son tour des vagues. Le visage de la déesse est serein.

Ses cheveux dorés roulent dans son dos. Son nez est droit, sa bouche petite et ses yeux rêveurs fixent un point à l'horizon avec une telle intensité que Caius finit par se retourner pour découvrir ce que la déesse observe.

Et là, il se fige.

Loreius est devant lui, un sourire amusé sur les lèvres. Et à côté de Loreius…

Caius détaille la jeune fille qui se tient près de son ami. Son visage est serein. Ses cheveux dorés roulent dans son dos. Son nez est droit, sa bouche petite et ses yeux… Ses yeux sont si profonds que Caius s'y noie aussitôt.

– Caius, dit Loreius, voici la jeune fille de la maison…

Dans la tête de Caius, un nom surgit : Vénus. Mais ses lèvres murmurent :

– Corellia.

– Il connaît déjà mon nom ! s'exclame la jeune fille.

Et sa voix est aussi prenante que la musique des vagues.

Instinctivement, Caius tourne le regard vers la fresque et rougit. Sur la coquille, Vénus est nue. Il vient de deviner que, sous la longue tunique verte qui descend jusqu'au sol, le corps de Corellia est aussi beau que celui de la déesse.

La voix de son ami lui parvient dans une sorte de brouillard.

– Mon ami Caius est le neveu de l'amiral Caius Plinius Secundus. Actuellement, Caius réside chez son oncle, à Misène, mais il nous honore parfois de sa visite… Quand il daigne délaisser ses chères études, bien sûr !

Loreius éclate d'un rire léger.

– Vous devriez bien vous entendre. Corellia aussi est toujours plongée dans ses lectures…

Caius ne parvient pas à détacher ses yeux de ceux de Corellia. Il sait déjà que, quoi qu'il puisse désormais arriver, le visage de la jeune fille est gravé dans son cœur à jamais.

Voilà deux semaines que Caius est à Pompéi et il n'a pas vu filer le temps. Habituellement, après quatre ou cinq jours passés avec son ami dans l'effervescence de la ville, il en a assez. Le calme de Misène lui manque. La tranquille présence de sa mère aussi. Et plus encore, les longues discussions avec son oncle.

Mais cette fois-ci…

Il rencontre Corellia presque chaque jour. Et sa conversation est à la hauteur de celle de son oncle ! Corellia est cultivée et intelligente. Caius découvre avec émerveillement qu'elle adore la lecture. Comme lui ! Elle lit souvent des auteurs grecs. Comme lui ! Elle aime écrire aussi. Comme lui ! Ils ont de nombreux points communs, et avec elle, Caius ne s'ennuie jamais.

Et Loreius ? Loreius se plaint. Certes, Caius n'a jamais aimé les jeux de la palestre, mais au moins acceptait-il d'y accompagner son ami. Alors qu'à présent, il n'en est plus question !

Un matin, un messager arrive de Misène et tend un pli à Caius. Le jeune homme l'ouvre, le lit et fronce les sourcils.

– Mauvaise nouvelle ? interroge Loreius.

– Non. C'est ma mère. Elle dit que mon absence lui semble longue…

– Ah ! s'exclame Loreius d'un air moqueur. Je sens que tu vas bientôt retrouver ta chère tranquillité.

– Oui, réplique Caius du bout des lèvres.

En réalité, il n'a pas envie de rentrer à Misène. Mais il faut bien obéir à sa mère.

– Reviens quand tu veux, propose Loreius.

– Dès que possible, promet Caius.

Et il tient parole.

Peu de temps après son départ de Pompéi, il annonce déjà son retour à Loreius. Car quelque chose l'y attire irrésistiblement ; et ce quelque chose a un nom : Corellia. Il ne peut se passer de sa présence, et ses visites à Pompéi se multiplient.

Le printemps s'avance, puis l'été le remplace.

Chez Loreius, le peintre a terminé la fresque du jardin.

– Cet hiver, il reviendra pour décorer l'atrium, explique Loreius.

L'hiver… Il semble si loin à Caius ! L'été est la saison des fêtes. Et justement, ce soir, son ami et lui sont invités chez Corellia, et ces soirées sont toujours magiques. Chaque fois, c'est le même cérémonial. Quand la nuit tombe, les lumières s'allument. Plus tard, les invités se répandront dans le jardin et prendront place sur les lits disposés autour des tables. Puis des esclaves poseront devant eux des plats remplis de nourriture et des coupes pour les boissons.

Mais le moment que Caius préfère est celui qui précède cette agitation.

Ce soir-là, il est devant la fresque de Vénus et Corellia vient vers lui. Il la salue. Elle lui sourit. Ce jour est un jour particulier. Il lui tend un écrin. Elle l'accepte gracieusement.

– Ouvre-le, demande-t-il.

Son cœur bat à toute allure. A-t-il bien choisi ?

Il pousse un soupir de soulagement quand il voit un sourire illuminer le visage de Corellia.

– Que c'est joli ! s'exclame-t-elle.

Elle caresse délicatement la chaînette et son pendentif en or orné d'une pierre noire sur laquelle une Vénus est gravée. Elle saisit le bijou, lève gracieusement les bras et le fixe autour de son cou.

– Merci, murmure-t-elle. Il ne me quittera plus.

3

Comme un arbre dans le ciel

Voilà plusieurs jours que Caius est à Misène, et Pompéi lui manque terriblement. En fait, non. Ce n'est pas Pompéi qui lui manque ! C'est Corellia. Mais il garde ce secret bien caché au fond de son cœur.

Sa seule consolation : ils s'écrivent. Chaque jour, une lettre part de Misène vers Pompéi, de Caius à Corellia ; chaque jour une lettre part de Pompéi vers Misène, de Corellia à Caius.

Les mots courent sous la main du jeune homme : « J'aime à penser que je te manque… Moi aussi, je lis et relis tes lettres. Mais si te lire me plaît tant, j'imagine comme il serait plus doux encore de t'entendre ! »

Ce matin du 24 août 79, cependant, Caius

ne songe pas à Corellia. Son oncle lui a confié un devoir ardu et il est plongé dans l'étude.

Vers midi, la voix de sa mère le tire de sa concentration.

– Caius ! Viens voir… Il y a quelque chose de bizarre…

Caius s'étire, se lève et rejoint sa mère sur la terrasse. La maison de son oncle est au-dessus du bourg. De là, la vue sur la baie est magnifique et Caius en connaît les moindres détails : sa côte découpée en criques et en promontoires, ses villes dont il devine la présence, Herculanum, Pompéi, Stabies… et la majestueuse silhouette du Vésuve qui domine l'ensemble.

Mais ce jour-là, un nuage d'une taille extraordinaire s'élève dans le ciel habituellement si clair.

– Il faut que mon oncle voie ça ! s'exclame aussitôt Caius.

Il bondit dans la maison où son oncle se repose après son déjeuner. Bientôt, tous les deux gravissent une colline pour mieux observer le phénomène. Car ni l'un ni l'autre n'ont jamais vu ça ! Le nuage s'élève haut dans le ciel. Sa forme est particulière. On dirait un arbre, un pin plus précisément, avec un tronc élancé et de longues branches qui se déploient si largement que le nuage semble envahir l'horizon.

– De quoi s'agit-il, mon oncle ? interroge Caius. Et d'où vient ce nuage ?

– Je n'en sais rien. On dirait qu'il sort d'une montagne… Mais laquelle ? Oh ! Il faut que j'aille voir ça de plus près !

Il dévale le chemin vers le port où, à peine arrivé, il donne des ordres.

– Préparez un bateau ! Un bateau léger, précise-t-il.

Il se tourne vers son neveu.

– Tu m'accompagnes ?

Caius secoue la tête.

– Rappelle-toi. Tu m'as confié un travail. J'aimerais le terminer d'ici ce soir.

Caius n'avoue pas à son oncle que s'il a tellement hâte de finir ce devoir, c'est pour pouvoir retourner à Pompéi dès le lendemain !

– Tu as raison, dit l'amiral. Travaille bien.

À cet instant, un messager surgit et tend un pli à l'amiral. Celui-ci le lit et annonce :

– C'est Rectina. Tu sais ? L'épouse de Tascus. Elle dit que le Vésuve crache des pierres

brûlantes qui retombent sur les maisons, sur les vignes, partout… Elle est bloquée chez elle, au pied de la montagne, et elle me demande de venir la chercher par la mer. La pauvre… Elle a l'air terrorisée !

L'amiral réfléchit quelques instants et conclut :

– Finalement je vais prendre un grand bateau. Non, plusieurs grands bateaux. Si ce que décrit Rectina est exact, nous aurons peut-être besoin de ramener d'autres habitants.

Et il ordonne :

– Qu'on sorte des quadrirèmes !

Caius comprend alors que la situation est grave. Si son oncle décide d'utiliser ces grands navires à quatre rangs de rameurs, c'est qu'il est inquiet.

Les ordres de l'amiral sont aussitôt exécutés, et Caius regarde les bateaux s'éloigner. Ils dansent sur la mer tandis que les hommes rament de toutes leurs forces. Bientôt, Caius ne distingue plus la silhouette de son oncle, debout sur le pont du premier navire. Puis les quadrirèmes ne sont plus que des jouets ballottés par les vagues.

Dans le ciel, l'énorme nuage s'élève encore

et encore, brandissant ses « branches » dans toutes les directions. Caius ne s'attarde pas. S'il veut aller à Pompéi le lendemain, il doit tout de suite se remettre au travail. Il retourne dans sa chambre et essaie de se concentrer.

L'après-midi s'est écoulée quand enfin Caius range ses affaires. Il a fini ! Et il pense que son oncle sera content de lui. Il s'étire longuement, bâille, réclame un bain, puis un dîner léger. Il fait lourd et chaud. Si chaud... Caius se couche. Il n'a qu'une envie : dormir.

Allongé sur son lit, Caius rêve.

Dans son rêve, il est à Pompéi dans le jardin de Corellia où une douce lumière éclaire la fresque de Vénus. Puis les lumières vacillent et Caius se retrouve à Misène, dans la maison de son oncle, où une petite voix murmure :

– Tu ne peux pas partir à Pompéi tant que l'amiral n'est pas revenu...

Il soupire et se tourne sur sa couche.

Dans son rêve, il est à présent sur le bateau, avec son oncle. D'ailleurs, cela tangue un peu ; puis plus fort ; puis de plus en plus fort. Ses doigts saisissent le bois du bateau... Mais non, ce n'est pas le bois du bateau ! C'est celui de son lit. Et c'est son lit qui bouge ainsi ! Il se redresse d'un coup, en sueur.

Soudain, la porte de sa chambre s'ouvre et une silhouette surgit.

– Mère ? interroge-t-il.

– Oui. Tu as senti ?

Caius n'a pas le temps de répondre. Une nouvelle secousse vient de projeter sa mère à l'intérieur de la pièce.

– Ce n'est rien, assure-t-il. Tu sais bien que cela arrive, par ici, quelquefois. La terre tremble…

Il n'ose pas l'avouer, mais lui non plus n'est pas tranquille.

– Pas si violemment, réplique sa mère.

– Sortons sur la terrasse, propose Caius. Au moins, il y fera plus frais.

C'est vrai que depuis le grand tremblement de terre qui a secoué la région voilà dix-sept ans, la terre bouge régulièrement tout autour de la baie. Mais sa mère a raison : ce n'est jamais avec une telle violence.

Sur la terrasse, l'air est effectivement plus frais, mais les secousses sont de plus en plus fortes.

La mère et le fils sont assis côte à côte. Ils écoutent les vagues se fracasser sur les rochers.

Dans la maison, plus personne ne dort. Les serviteurs vont et viennent. Incapable de rester inactif, Caius en appelle un et ordonne :

– Va me chercher l'ouvrage qui se trouve près de mon lit.

Dès que le serviteur revient, Caius se plonge dans la lecture et finit par oublier le sol qui tremble et la mer qui gronde.

Bientôt, un visiteur est annoncé.

– Au milieu de la nuit ? s'étonne la mère de Caius.

– Regarde, mère, c'est déjà le matin, fait remarquer Caius.

En effet, une lueur pâle éclaire faiblement les lieux.

Le visiteur est un ami de l'amiral. Quand il les voit, tous deux tranquillement installés sur la terrasse, il s'exclame :

– Vous êtes fous ! Rester là, assis, avec ce qui se passe !

Il se tourne vers Caius.

– Et toi, tu lis ! Comme si c'était le moment ! C'est le chaos, dehors. Les maisons tremblent si fort qu'elles risquent à tout moment de s'écrouler. Tout le monde est dans la rue et…

Une secousse plus forte que les autres l'interrompt.

La mère de Caius se lève d'un coup. L'un des murs qui ferment la terrasse vient de se fissurer.

– Ne restez pas là, conseille le visiteur. Si les murs s'effondrent, vous serez ensevelis sous les gravats. Il faut quitter cette maison, quitter la ville, aller dans la campagne, là où rien ne pourra vous tomber sur la tête.

Aussitôt, la mère de Caius donne des ordres. Elle fait préparer des voitures. Quelques affaires y sont entassées en hâte. Les portes de la maison s'ouvrent. Ils se ruent à l'extérieur.

Dans la rue, c'est la cohue. Tout le monde a eu la même réaction et chacun n'a qu'une idée : fuir, s'éloigner des murs qui vacillent, des maisons qui bougent, des toits qui s'envolent.

Caius, sa mère et leurs serviteurs se mêlent à cette foule qui essaie d'avancer. Sous leurs pieds, la terre tremble, tremble et tremble encore.

4

UN JOUR SANS LUMIÈRE

Le jour est levé, et pourtant, il fait sombre. La foule grossit sans cesse. Les voitures sont tirées ou poussées ou les deux à la fois. Caius et sa mère sont des ombres parmi d'autres ombres. Ils dépassent les dernières maisons, gagnent la campagne. Ils connaissent bien cet endroit, mais ce matin, tout est différent. Les voitures se balancent au rythme des secousses du sol et dérapent sur les pavés. La mère de Caius a du mal à avancer. Elle s'appuie sur son fils qui la soutient et l'encourage. Ils finissent par s'arrêter. Caius tend alors le bras vers la mer, incapable d'articuler un mot. Car ce qu'il voit est terrible.

La mer n'est plus là où elle se trouve habituellement. Elle a reculé, comme repoussée par les secousses de la terre, dégageant un immense espace sableux. Et ce sable est couvert de poissons morts. Ils n'ont pas eu le temps de suivre l'eau et ils se sont retrouvés pris au piège. Au-dessus, le nuage a pris une couleur rouge, et il est zébré d'éclairs scintillants et de traînées de flammes.

– Ton oncle… murmure la mère de Caius. Où est-il ? Qu'a-t-il pu lui arriver ?

Caius prend sa main dans la sienne.

– Ne t'inquiète pas. Tu le connais, il est capable de se sortir de n'importe quelle situation. Je suis sûr qu'il est en train d'aider des gens, là-bas, de l'autre côté de la baie…

Caius se tait et son cœur se serre.

Corellia.

Elle est de l'autre côté de la baie, elle aussi, là où les éclairs sont les plus violents et les plus nombreux.

La journée avance et pourtant, l'obscurité règne toujours.

Une rumeur parcourt la foule :

– Il faut fuir plus loin. Regardez ! Ce nuage vient vers nous.

Et c'est vrai. La prodigieuse nuée avance.

Bientôt, ils seront tous engloutis. La mère de Caius le presse :

– Va-t'en ! Ces gens ont raison. Fuis, Caius. Trouve un abri loin d'ici.

– Mais... bégaie Caius. Et toi ?

– Moi, je n'en ai plus la force. Tu m'as soutenue jusqu'ici, mais à présent, tu dois penser à toi. Je te gênerais. D'ailleurs, je n'ai pas peur de la mort si je sais que toi, tu es hors de danger.

Autour d'eux, c'est la débandade. Tous ceux qui en ont encore l'énergie ont commencé à courir, abandonnant leurs biens, car la nuée est toute proche à présent.

Caius saisit le bras de sa mère.

– Bien sûr que tu es assez forte ! De toute façon, je ne partirai pas sans toi.

Ils se jettent dans la marée humaine sans trop savoir vers où se diriger.

Très vite, la nuée les rattrape, obscurcissant le paysage, et ils avancent dans la grisaille avec difficulté.

Caius passe une main sur l'épaule de sa mère et regarde ses doigts, incrédule.

– Ce sont des cendres, dit-il.

– Mais d'ou viennent-elles ?

– De là-bas, murmure Caius. Viens, bientôt, nous ne pourrons plus respirer.

Il se retourne. À présent, une fumée épaisse et noire rampe sur le sol, noyant leurs chevilles. L'obscurité est presque complète maintenant. Et dans cette obscurité, les fuyards, affolés, courent à l'aveuglette. Ceux qui tombent ne parviennent pas à se relever, car ceux qui les suivent leur passent sur le corps.

Caius pousse sa mère en dehors du chemin.

– Écartons-nous. Si nous tombons, nous serons écrasés. Cherchons un endroit où nous serons un peu à l'abri.

Ils se blottissent l'un contre l'autre dans un repli du terrain. La mère de Caius les protège sous le voile qu'elle a emporté. Ils respirent prudemment, à petits coups. Ils entendent des femmes qui gémissent, des enfants qui pleurent, des hommes qui crient. Tout le monde se cherche.

Puis une lueur perce les ténèbres. Elle est accompagnée d'une vague de chaleur.

– Le feu ! clame Caius.

Il veut se lever, mais sa mère le retient.

– Nous n'avons nulle part où aller. La foule nous piétinera.

Elle a raison. Les mains de l'un serrées dans celles de l'autre, ils guettent l'avancée des flammes, qui s'éteignent finalement à quelque distance. Et l'obscurité les emprisonne à nouveau, tandis que des cendres recouvrent leurs têtes, de plus en plus nombreuses, de plus en plus épaisses.

Les heures passent, interminables. Ils ne parlent plus. Chacun est plongé dans ses pensées. La mère de Caius songe à son frère. Où se trouve-t-il ? Caius pense à Corellia, et son cœur se glace à l'idée des dangers qu'elle encourt. Il pense aussi à Loreius et à sa famille. Auront-ils pu trouver un abri ? De temps en temps, la mère et le fils se lèvent et se secouent pour empêcher la cendre de les recouvrir totalement. Et puis petit à petit, la pluie de cendres se fait moins épaisse et une lumière jaune frappe leurs yeux.

– Le soleil ! s'exclame Caius. Mère, c'est le soleil ! Nous sommes sauvés.

En effet, le nuage de cendres se dissipe peu à peu, dévoilant un paysage bouleversé. Une drôle de matière gris pâle, très légère, couvre le sol, les arbres, les buissons, ainsi que des femmes, des hommes, des enfants qui, comme Caius et sa mère, se redressent, se secouent et lèvent vers le ciel un regard étonné.

– On dirait de la neige, remarque Caius.

– Une neige aussi fine que la poussière, complète sa mère.

Sous leurs pieds, le sol ne tremble plus. Ils échangent un regard, puis Caius propose :

– Rentrons.

– Oui, rentrons vite. Peut-être aurons-nous des nouvelles de ton oncle ?

Quand ils arrivent, la maison est déserte, et par chance, toujours debout. Quelques murs sont lézardés, mais l'ensemble reste solide, et Caius et sa mère s'y installent, soulagés. Au fur et à mesure que les heures passent, les serviteurs reviennent, un à un. Mais pas l'oncle de Caius.

– Je suis sûr qu'il va arriver, dit Caius. Ou envoyer de ses nouvelles.

Soudain, il se tait. Sous leurs pieds, la terre frémit. Vont-ils être obligés de fuir à nouveau ?

– Je ne repars pas, déclare fermement la mère de Caius. Si la terre tremble encore, nous ne sommes en sécurité nulle part. Je préfère rester ici et guetter le retour de ton oncle.

5

La visite de Pomponianus

Le jour suivant n'apporte aucune nouvelle de l'amiral. Celui d'après non plus. D'ailleurs, il n'y a plus de nouvelles du tout, comme si la vie s'était arrêtée partout.

La mère de Caius ne mange plus, ne dort plus.

– Il lui est arrivé quelque chose, répète-t-elle. Je suis sûre qu'il lui est arrivé quelque chose.

Caius non plus ne parvient pas à fermer l'œil. Il pense à son oncle, bien sûr, mais il pense surtout à Corellia. Que s'est-il passé à Pompéi ?

Il grimpe sur la colline qui domine la baie ; en vain. Le paysage est noyé sous une fine bruine grise. Il devine que ce sont les cendres qui n'en finissent pas de retomber, dissimulant la côte où vit celle qu'il aime.

Plus tard, sur la terrasse de la maison, la mère de Caius se lamente :

– Cela fait trois jours, et...

Elle s'interrompt net. Un visiteur vient de faire son entrée. Elle le reconnaît aussitôt : c'est Pomponianus, un ami de l'amiral. Il vit à Stabies, une petite ville au sud de Pompéi.

Dès qu'il s'approche, la mère de Caius porte une main à sa gorge et s'exclame :

– Il est arrivé quelque chose à mon frère !

Pomponianus hésite, ouvre la bouche, la referme avant d'admettre :

– Oui.

Caius s'empresse :

– Assieds-toi, Pomponianus. Et toi aussi, mère. Je vais faire apporter à boire et à manger.

Il voit bien à quel point Pomponianus est épuisé. Ses traits sont tirés, ses cheveux en bataille, ses habits salis. Quant à sa mère, elle s'est laissée tomber dans un fauteuil, sans ajouter un mot.

Caius s'active. Il frappe dans ses mains, il appelle. Un esclave apporte de l'eau pour que Pomponianus se lave le visage et les mains. Un autre arrive avec des boissons et de la nourriture.

Pomponianus prend place à son tour dans un fauteuil et semble se détendre. Quand il a bu et mangé, Caius ose enfin le questionner :

– Raconte. Nous avons vu mon oncle s'éloigner à bord d'une quadrirème, et d'autres bateaux le suivaient. Depuis, plus aucune nouvelle. Il partait au secours de Rectina, la femme de Tascus, dont la maison se trouve au pied du Vésuve. A-t-il réussi ?

Pomponianus secoue la tête.

– Non. De la cendre a commencé à tomber sur les bateaux. Plus ils approchaient du rivage, plus elle était épaisse et chaude. Et puis ensuite, ce n'était plus de la cendre, mais des pierres ponces et des cailloux tout noirs. Pourtant, les bateaux ont continué à avancer jusqu'à ce qu'ils soient bloqués...

– Bloqués ? relève Caius. Par quoi ?

– Par des rochers qui se sont effondrés dans la mer. Et par le fond de la mer lui-même.

Pomponianus regarde tour à tour Caius et sa mère. On dirait qu'il ne croit pas lui-même à ce qu'il va annoncer. Enfin, il explique :

– Le fond de la mer s'est soulevé. Soulevé ! Vous vous rendez compte ?

Caius a du mal à l'imaginer.

– Continue, demande-t-il.

– Ton oncle m'a raconté comment cela s'était passé. Le pilote du bateau voulait revenir en arrière et rentrer à Misène, mais lui n'a pas voulu. Il avait très envie de comprendre ce qui arrivait. « Non, non, a-t-il dit au pilote. Si nous ne pouvons pas atteindre la maison de Rectina, nous irons ailleurs. Mets le cap vers le sud, nous irons à Stabies, chez Pomponianus. » Quand il a accosté, j'avais commencé à faire mes paquets et mes esclaves étaient en train de les charger sur mes navires. J'attendais juste que le vent tombe pour pouvoir m'éloigner de la côte. Autant te dire que j'ai été ravi de voir arriver ton oncle ! Ses quadrirèmes sont bien plus puissantes que mes propres bateaux. Ton oncle n'avait pas l'air affolé. Il a abordé sans difficulté, a sauté à terre et m'a embrassé. Quand il a réclamé un bain, j'ai compris qu'il n'avait pas l'intention de repartir tout de suite.

Caius retient un sourire. Réclamer un bain dans un moment pareil, c'est tout à fait son oncle !

– Après le bain, nous avons soupé. Ton oncle

avait l'air très joyeux. Mais moi et les gens de ma maison avions du mal à avaler notre nourriture.

Pomponianus reprend son souffle et explique :

– De la terrasse où nous nous trouvions, nous pouvions voir le sommet du Vésuve. Il brillait et de grandes colonnes de feu en jaillissaient. Ton oncle prétendait que c'étaient des feux abandonnés par des bergers, ou encore des villas qui brûlaient. Je pense qu'il n'y croyait pas lui-même. Il voulait juste calmer nos craintes.

Caius n'écoute plus. Ce que décrit l'ami de son oncle est terrifiant. Il voudrait l'interrompre, crier le nom de Corellia, mais sa gorge est si sèche qu'il ne parvient pas à articuler un mot.

Pomponianus poursuit :

– Il est allé se coucher comme si de rien n'était. Je crois qu'il voulait nous rassurer. Toujours est-il qu'il a bien dormi ! Je l'ai moi-même entendu ronfler paisiblement. Car en ce qui me concerne, je n'ai pas fermé l'œil. Pendant qu'il dormait, la cour sur laquelle donne sa chambre s'emplissait de cendres et de pierres ponces. Leur niveau montait et montait, si bien que j'ai fini par le réveiller. Encore un peu, et il n'aurait plus pu sortir de sa chambre !

– Mais la terre tremblait aussi, chez vous ? interroge la mère de Caius.

– Oui, bien sûr ! À chaque instant, j'avais peur que la maison s'écroule. Je la voyais se balancer, à gauche, à droite… Et les pierres continuaient à tomber, pas très lourdes, mais parfois de bonne taille. Si bien que nous devions protéger nos têtes avec des oreillers. Entre-temps, le jour s'était levé, mais le soleil ne parvenait pas à percer les ténèbres. Enfin, une fois l'amiral réveillé, nous avons décidé de rejoindre le rivage pour voir s'il était possible d'embarquer…

Pomponianus se tait à nouveau. Quand il reprend, c'est à voix basse, comme s'il revivait ces instants terribles.

– Nous avons avancé vers la mer. Nous devions avoir une drôle d'allure, coiffés de nos oreillers. Des pierres tombaient autour de nous. Les quadrirèmes étaient secouées par les vagues, même dans mon petit port habituellement si calme. Et puis soudain…

Pomponianus s'interrompt.

– Soudain ? l'encourage Caius.

– Ton oncle… enchaîne Pomponianus d'une voix rauque. Ton oncle s'est arrêté. « Ce n'est pas le moment… » ai-je commencé. Je n'ai pas continué. Son visage était rouge et il avait des difficultés à respirer. J'ai fait étendre un drap sur la plage et je l'ai aidé à s'y allonger. Il avait soif. Nous lui avons donné de l'eau bien fraîche. Il n'arrêtait plus de boire. Et pendant ce temps, la terre continuait à trembler et les pierres à pleuvoir. Et puis il y a eu ces flammes qui nous cernaient et cette abominable odeur de soufre. Les serviteurs m'ont entraîné…

– Vous l'avez abandonné ! s'exclame Caius.

– Non, non ! Deux de mes esclaves l'ont aidé à se relever. Il a fait quelques pas, je l'ai encouragé. Les navires n'étaient pas si loin. Mais il ne pouvait plus respirer, comme si la cendre bouchait sa gorge. Il est tombé à nouveau, inanimé. Quand je me suis penché sur lui, j'ai réalisé qu'il était mort.

– Non ! gémit la mère de Caius en dissimulant son visage dans ses mains.

– Nous avons fini par embarquer, poursuit Pomponianus, et nous avons trouvé un abri sur la côte, plus au sud, où nous avons attendu. Un jour, deux jours… À l'aube du troisième, nous avons enfin pu reprendre la mer et nous avons filé vers Stabies. Tout a brûlé là-bas. Ma maison…

– Mon oncle ? le coupe Caius.

Pomponianus pousse un long soupir et dit doucement :

– Nous l'avons trouvé là où nous l'avions laissé. Son corps était intact. On aurait dit qu'il dormait.

Un grand silence suit les paroles de Pomponianus. L'amiral mort. Comme si cela était possible ! Lui qui était si curieux, avide de savoir, de découvrir, d'écrire, de partager ses connaissances. La mère de Caius pleure en silence. Caius a la gorge sèche. Quand il a vu son oncle s'éloigner sur les quadrirèmes, pas une seconde il n'a imaginé qu'il pourrait ne pas le revoir. Il se maudit. Si seulement il l'avait accompagné ! Il l'aurait soutenu ; il l'aurait obligé à respirer ; il l'aurait traîné à bord d'un navire ; il l'aurait ramené. Mais il y avait ce devoir à terminer…

Il réalise alors que ce devoir, son oncle ne le lira jamais.

6

Une chaînette et un médaillon...

Pompéi. Que s'est-il passé à Pompéi ?

Quand Caius interroge Pomponianus à ce sujet, celui-ci hausse les épaules.

– Je ne sais pas. Personne ne sait rien...

Caius grimpe sur la colline. Le ciel est toujours voilé de gris et la côte est invisible. Il regagne la maison.

Au fil des heures, les nouvelles commencent à arriver. La première est invraisemblable.

– La ville d'Herculanum a disparu, annonce un messager.

– Il ne reste rien de Pompéi, dit un autre un peu plus tard. Le Vésuve a tout englouti.

Caius hausse les épaules. Comment pourrait-il croire des inventions aussi énormes ?

Pourtant, d'autres précisions parviennent jusqu'à Misène, et elles sont terrifiantes. Herculanum a vraiment disparu, engloutie sous une épaisse couche de boue crachée par le Vésuve. Plus rien ne subsiste de l'élégante cité qui se dressait là, au bord de la mer, quelques jours seulement auparavant.

Et ses habitants ? On ne sait pas. Beaucoup ont pu s'enfuir, mais peut-être pas tous.

Ce n'est pas Herculanum qui intéresse Caius. C'est Pompéi. Qu'est devenue Corellia ? Où est Loreius ? Les informations qui lui arrivent sont si fantaisistes qu'il décide d'aller voir par lui-même ce qu'il en est.

Un matin, il reprend la route qu'il connaît si bien. Le paysage est dévasté, et plus il approche, plus l'angoisse lui serre le cœur. Les maisons sont détruites, les champs brûlés ou couverts de cendres et de pierres. Les chemins sont encombrés de gens qui errent à la recherche d'un abri. Certains ont tout perdu. D'autres portent un balluchon. D'autres encore poussent un âne devant eux.

La route lui semble longue pour rejoindre Pompéi ; beaucoup plus longue que d'habitude !

Et quand Caius parvient en vue de la cité, il s'arrête, frappé de stupeur.

Pompéi a vraiment disparu. Les murs qui entouraient la cité ? Disparus. Les portes qui en permettaient l'accès ? Disparues. Ses nombreuses maisons ? Disparues. Ses théâtres, ses palestres, ses boutiques, tous ces lieux pleins de vie que Caius fréquentait avec son ami Loreius ? Disparus.

Tout est couvert de cette épaisse substance grise. De-ci de-là, une élégante colonne émerge de la masse grisâtre. Elle témoigne qu'une ville se dressait là autrefois.

Longtemps Caius contemple le désastre. Il voudrait approcher. Impossible. C'est trop dangereux. Le sol est chaud, brûlant par endroits. Et personne ne sait s'il est assez stable pour qu'on marche dessus. Il ne peut pourtant s'éloigner. Il n'est pas le seul. Ils sont nombreux à tourner autour de ce qui fut Pompéi. Et parmi eux...

Caius hésite avant d'interpeller la silhouette qui se dresse non loin de lui.

– Loreius ? interroge-t-il.

L'autre se retourne et observe Caius d'un regard vide. Petit à petit, la vie revient dans ses yeux. Il s'avance en chancelant et se jette dans les bras de son ami en pleurant.

– Caius ! Tu es là. Tu es venu. Toi, au moins, tu es vivant.

Caius n'ose pas poser la moindre question.

Il faudra le reste de la journée pour que Loreius parvienne à raconter son histoire.

– Quand la terre a commencé à bouger, nous avons d'abord pensé que ce n'était pas grave. Cela arrive souvent par ici… Et puis, il y a eu ce bruit… Une explosion… Le Vésuve était noir et il crachait du feu. Des pierres ont commencé à tomber sur la ville. Avec ma famille, nous nous sommes réfugiés dans la cave. Nous étions sûrs que cela ne durerait pas. Mais cela a duré et nous avons eu peur d'être enterrés sous la maison. Alors, nous avons décidé de fuir. Quand nous sommes sortis dans la rue, c'était le chaos. Les gens criaient. Tout le monde essayait de quitter la ville. Nous nous sommes mêlés à la foule. Des pierres nous tombaient sur la tête. L'odeur de soufre était insupportable.

Caius l'écoute. Il se dit qu'ici, cela a dû être mille fois pire que ce qu'il a vécu avec sa mère.

– Mon père… reprend Loreius. Mon père

est tombé le premier. Il s'est écroulé sur le sol. Quand nous nous en sommes aperçus, c'était trop tard. Impossible de revenir sur nos pas. Nous avons continué à courir. Sur le forum, les colonnes et les murs dégringolaient, écrasant ceux qui se trouvaient là. Nous ne pouvions plus respirer. Ma mère…

Loreius achève en sanglotant :

– Ils sont tous morts, Caius. Tous morts… Je n'ai plus personne.

Longtemps, Loreius pleure dans les bras de son ami. Quand il se calme, Caius ose enfin demander :

– Corellia… Est-ce que tu sais ?…

Loreius l'arrête.

– Je ne sais rien. Personne ne sait rien. Qui a réussi à s'enfuir ? Il faudra des jours et des jours pour le savoir.

Les jours passent. Les Pompéiens reviennent. Ils cherchent des parents, des amis, des objets aussi qui leur appartiennent. Ils imaginent qu'ils vont dégager la ville, reconstruire leurs maisons, et que la vie va renaître.

Caius est parmi eux. Comme d'autres, il ose

enfin s'aventurer sur ce sol étrange qui recouvre la ville. Il interroge ceux qu'il croise :

– Avez-vous vu une jeune fille ? Elle s'appelle Corellia. Elle ressemble à Vénus, la déesse…

Tous secouent la tête.

Caius s'oriente, retrouve l'emplacement de la maison de sa bien-aimée. Il commence à creuser. Ils sont nombreux à faire comme lui, car les Pompéiens qui ont survécu espèrent retrouver quelques-uns de leurs biens.

Mais il y a aussi les voleurs. En effet, sous l'épaisse couche grise, une prodigieuse fortune est enterrée : de la vaisselle en or, des bijoux, des statues, de l'argent… Dès que la nuit tombe, ils sont là. Ils aménagent des galeries autour des maisons connues pour avoir appartenu à de riches propriétaires.

Un jour où Caius arrive à l'aube près de la maison de Corellia, il remarque l'une de ces galeries. Elle n'y était pas la veille ! Et tout au fond, une ombre s'agite.

La colère le submerge d'un coup. Il saute dans la tranchée en criant :

– Qu'est-ce que tu fais là ! Espèce de…

L'autre se retourne, effrayé. C'est un tout

jeune garçon. Il cherche à s'enfuir. Impossible, Caius bloque le passage. Il attrape le jeune voleur par un bras, lui tord le poignet. Le gamin hurle de douleur.

– Qu'est-ce que tu fais là ? Hein ? Qu'est-ce que tu fais là ?

Puis :

– Qu'est-ce que tu as dans la main ? Donne-moi ça.

Les doigts du petit voleur sont crispés sur un objet.

Une chaînette…

Caius la lui arrache, se tourne vers la lumière naissante pour mieux la regarder. Le garçon en profite pour s'échapper.

Caius sort lentement de la galerie. Les premiers rayons du soleil balaient le sol. La chaînette retient leur éclat. Caius souffle doucement sur le pendentif qui y est accroché. Un pendentif en or, orné d'une pierre noire sur laquelle une Vénus est gravée. En un éclair, il se trouve transporté dans le jardin de Corellia. Sous la fresque de Vénus, les lampes s'allument. La lumière est si belle et l'air si parfumé… Corellia est près de lui. Il se perd dans son regard tandis qu'elle lève gracieusement les bras pour fixer la chaînette à son cou. Sa voix est si jolie quand elle murmure : « Merci. Il ne me quittera plus. »

Le poing de Caius se referme sur le bijou tandis qu'un hurlement jaillit de sa bouche :

– Nooon !

Au-dessus de Pompéi dévastée, la masse puissante du Vésuve le domine, noire et terrifiante, et son cri vient se fracasser contre ses pentes dévastées.

Les larmes brouillent ses yeux, ses épaules s'affaissent, il maudit la montagne, il maudit la couche de cendres et de pierres sous ses pieds, car il vient de comprendre : jamais il ne reverra Corellia.

POUR EN SAVOIR PLUS SUR L'HISTOIRE DE LA DESTRUCTION DE POMPÉI

On connaît l'histoire de la destruction de Pompéi d'abord par les textes, et notamment par ceux de Pline le Jeune. Dans deux lettres adressées à Tacite, un historien latin, il raconte la mort de son oncle et comment sa mère et lui ont vécu l'éruption du Vésuve. On connaît aussi cette histoire grâce aux travaux des archéologues qui ont fouillé Pompéi.

Où se trouve Pompéi ?

En Italie.
Pompéi se trouve dans le sud de l'Italie, pas loin de Naples, au pied du Vésuve.

Qui est Caius Plinius Secundus ?

Pline l'Ancien.
C'est en effet sous ce nom que nous le connaissons aujourd'hui. C'est un naturaliste : il étudie les plantes, les minéraux, les animaux. C'est aussi un écrivain. Au moment de l'éruption du Vésuve, il est amiral : il dirige la flotte de Misène, un port situé de l'autre côté de la baie.

Qui est Caius ?

Pline le Jeune.
Le nom complet de Caius est Caius Plinius Caecilius Secundus. C'est un écrivain. Il est connu sous le nom de Pline le Jeune, et il est le neveu de Pline l'Ancien. Il a 17 ans au moment de l'éruption du Vésuve.

En quelle année a eu lieu l'éruption du Vésuve ?

En 79 après Jésus-Christ.
Le Vésuve est un volcan, mais il était en sommeil depuis des milliers d'années. Les habitants de Pompéi n'avaient donc pas l'impression de vivre au pied d'un volcan.
L'éruption de 79 commence par de très violentes explosions. Un énorme nuage de cendres, de gaz et de pierres ponces se déploie. Il a la forme d'un pin parasol.
On nomme ce type d'éruption « éruption plinienne » car c'est Pline le Jeune qui en a donné la première description. Depuis 79, le Vésuve a connu d'autres éruptions.

Qu'est devenue Pompéi après l'éruption ?

Pompéi a été oubliée. Pompéi était ensevelie sous plus de 4 mètres de cendres et il était impossible de la dégager. Peu à peu, on oublia son existence.

Quand Pompéi fut-elle redécouverte ?

Au XVIIIe siècle.
En travaillant leurs champs, les agriculteurs trouvaient souvent des objets très anciens. Cela donna l'idée à quelques explorateurs de creuser le sol. Lorsqu'on découvrit une pierre portant le nom de Pompéi, on sut que la ville se trouvait là. Un grand programme de fouilles fut alors entrepris. Petit à petit, le tracé de la ville, les maisons et les monuments apparurent. Aujourd'hui encore, une partie de la ville reste à dégager.

Les maisons de Loreius et de Corellia existent-elles ?

Oui.
Elles se trouvent dans une rue que les archéologues ont baptisée « rue de l'Abondance » car ils y ont trouvé de nombreux « bars » et commerces.
De belles maisons bordent cette rue. L'une d'elles possède un jardin traversé par des canaux.
C'est la maison de Loreius Tibertinus, parfois appelée aussi « maison d'Octavius Quarto ». À côté se trouve la « maison de Vénus », appelée ainsi à cause de la grande fresque représentant Vénus qu'on y a découverte.

Table des matières

Hélène Montardre

Hélène Montardre est écrivain. Elle a écrit de nombreux livres : romans, contes, récits, albums et documentaires.

Aux éditions Nathan, elle a déjà publié *Le fantôme à la main rouge*, *Persée et le regard de pierre*, *Zeus à la conquête de l'Olympe*, *Ulysse l'aventurier des mers*, *Alexandre le Grand – Jusqu'au bout du monde*, et les romans de la collection « Petites histoires de la mythologie ».

petites histoires de l'HISTOIRE

DÉJÀ PARUS

Vercingétorix contre Jules César
La prise de la Bastille
Catastrophe à Pompéi
Le voyage de Christophe Colomb